8° Z. Le Senne_7901.

LES
TROIS SAINT-GERMAIN
DE PARIS

PAR M. J. QUICHERAT,

Membre résidant.

―

Extrait du XXVIIIe volume des Mémoires de la Société impériale des Antiquaires de France.

―

Paris a possédé autrefois trois églises du nom de Saint-Germain. Outre Saint-Germain des Prés et Saint-Germain l'Auxerrois, qui subsistent encore, il y en avait une autre appelée Saint-Germain le Vieux, qui fut démolie en 1802. Elle était située dans l'île de la Cité, vers l'emplacement du ci-devant Marché-Neuf, c'est-à-dire à une cinquantaine de pas sur la gauche quand on avait traversé le Petit-Pont.

L'origine de Saint-Germain des Prés ne peut pas donner lieu à contestation. Il est certain que cette église fut fondée par Childebert Ier, et que, consacrée d'abord sous l'invocation de sainte

Croix et de saint Vincent, elle dut le nom sous lequel elle est encore connue à la vénération du peuple pour le corps du bienheureux Germain, évêque de Paris, qui y fut déposé en 577. L'origine des deux autres Saint-Germain est restée un problème. D'après une conjecture déjà exprimée par Dubreul, Saint-Germain le Vieux aurait commencé par être une petite communauté de religieux bourguignons, établie par l'évêque Germain dans les dépendances du baptistère primitif de Paris. D'autre part une tradition, qu'on ne peut pas faire remonter bien haut, représente Saint-Germain l'Auxerrois comme une fondation de Childebert à peu près contemporaine de celle de Sainte-Croix et Saint-Vincent. D'un côté comme de l'autre les preuves font défaut; de sorte que si l'on veut s'en tenir au témoignage des documents, on n'a rien de plus ancien à placer dans l'histoire de la première de ces églises, que l'inhumation de saint Landry, mort en 656; et rien de plus ancien à placer dans l'histoire de la seconde, que la translation des reliques de l'évêque Germain, qui y furent apportées de Saint-Vincent lors du siége de Paris par les Normands, en 885.

Un texte dont je crois qu'on n'a jamais saisi le sens, en m'ouvrant les yeux sur le véritable fondateur de Saint-Germain le Vieux, m'a procuré le moyen de conjecturer avec quelque chance de réussite, je l'espère, quel fut celui de

Saint-Germain l'Auxerrois. C'est ce double résultat que je soumets au jugement de la Société.

Bertchram, évêque du Mans sous Clotaire II, avait été l'un des disciples préférés de saint Germain, évêque de Paris. Il fit son testament en 615. On y lit la clause suivante :

Basilicae domni et peculiaris patrini mei Germani episcopi, qui me dulcissime nutrivit et sua sancta oratione etsi indignum ad sacerdotii honorem perduxit, si supersistit in basilica domni Vincentii, ubi ejus sanctum corpusculum requiescit, donari jubeo in honorem sepulturae suae villam Bobanae, quae est in territorio Stampense super fluvio Collae, quam mihi gloriosissimus domnus Chlotarius rex suo munere contulit. Quod jubeo ea conditione ut, si sanctum corpus ejus in basilica nova, quam inclitus Chilpericus quondam rex construxit, si convenerit ut inibi transferatur, villa ipsa, ubi sanctum ejus corpus fuerit semper ibi deserviat, ut ipse sanctus pontifex, pro meis facinoribus deprecari dignetur. Rogo, abba illustris loci illius, ut nomen meum in libro vitae recitetur [1].

Je traduis en français :

« A la basilique de mon seigneur et patron particulier l'évêque Germain, qui m'a nourri de

[1]. Pardessus, *Diplomata, chartæ,* etc., *ad res gallo-francicas spectantia*, t. I, p. 202.

ses doux enseignements, et qui, par sa sainte intercession, m'a fait parvenir aux honneurs suprêmes du sacerdoce, s'il reste dans la basilique de monseigneur Vincent, où repose sa sainte dépouille, j'entends donner, en l'honneur de sa sépulture, le domaine de Boba, dans le pays d'Étampes, sur la rivière d'École [1], lequel je tiens de la munificence du très-glorieux roi Clotaire. Ce que je prescris à la condition que, si l'on s'accorde à transférer son saint corps dans la nouvelle basilique que le feu roi Chilpéric a construite, le revenu du domaine y aille également pour toujours, et partout où sera le même corps saint, afin que ledit saint pontife me fasse la grâce d'intercéder pour mes péchés. Illustre abbé du lieu, je vous prie de veiller à ce que mon nom soit porté sur le livre des commémorations. »

Mabillon et l'historien de Saint-Germain des Prés, D. Bouillard, ont entendu ce passage comme s'il n'y était question que d'une seule et même église. Au premier abord on peut s'en étonner, car l'opposition entre la basilique de Saint-Vincent et une basilique neuve construite par Chilpéric est exprimée aussi clairement que possible ; mais il faut savoir que saint Germain n'avait pas été inhumé d'abord dans la basilique

---

1. Aujourd'hui Saint-Germain-sous-École (arrondissement d'Étampes, Seine-et-Oise).

même de Saint-Vincent. Le corps, déposé dans une chapelle attenante qui formait un édicule à part sur le flanc méridional de l'église, resta en cet endroit jusqu'en 752. C'est sur cette circonstance que les bénédictins ont fondé leur interprétation. Ils ont cru que l'opposition était entre la basilique proprement dite et la chapelle attenante. Pour Mabillon[1], l'édifice nouveau était une reconstruction de la basilique childebertine, laquelle aurait péri par un accident quelconque à la fin du sixième siècle. Pour D. Bouillard[2], c'était seulement une reconstruction de la chapelle. Mais on objectera à Mabillon que, si la basilique de Saint-Vincent, l'un des plus beaux monuments de la Gaule barbare, avait été détruite du temps de Chilpéric, Grégoire de Tours n'aurait pas manqué de le dire. On objectera à D. Bouillard que, si Bertchram avait eu en vue la reconstruction de la chapelle où fut inhumé saint Germain, il ne se serait pas servi du terme *basilica*, qui désigne toujours une grande église. Enfin, on objectera à tous les deux qu'il s'agit d'un legs dont la condition, tout éventuelle, est de passer d'un établissement à un autre établissement, et que, les choses étant telles qu'ils les ont comprises, l'éventualité n'aurait point été pos-

---

1. *Annales ordinis sancti Benedicti*, t. I, l. VI. n. 69.
2. Histoire de l'Abbaye de Saint-Germain des Prés, p. 9.

sible, puisque la basilique et la chapelle ne formaient qu'un seul et même établissement.

Dubois, le savant historien de l'Église de Paris, crut sortir de la difficulté par une correction du texte. A *Chilpericus*, il substitua *Childebertus*[1]. C'est ce qui s'appelle recourir en pure perte à un moyen désespéré. Le changement du nom royal n'amène pas l'opposition requise par le sens. Celle-ci fait toujours défaut, s'il ne s'est agi que de retirer le corps de saint Germain de la chapelle extérieure où il reposait, pour le mettre dans la basilique même de Saint-Vincent.

Jaillot, le premier, comprit qu'il était nécessaire de mettre en présence deux grandes églises[2]. Selon lui, Saint-Germain l'Auxerrois pourrait bien être la *basilica nova* dont a voulu parler l'évêque Bertchram. A cela, il n'y a qu'un mot à répondre. Saint Germain d'Auxerre n'est pas saint Germain de Paris, et c'est à saint Germain de Paris (je le démontrerai dans un instant) que devait être dédiée l'église bâtie par Chilpéric.

L'objection ne perd rien de sa force, parce qu'il a plu à Dulaure d'ériger en fait prouvé la conjecture de Jaillot, ni parce que le conseil municipal de Paris, sur la foi de Dulaure, imposa le nom de Chilpéric à la petite rue qui régnait

---

1. *Historia ecclesiæ Parisiensis*, t. I, p. 129.
2. Recherches sur Paris, t. I, *Quartier du Louvre*.

naguère sur le flanc septentrional de Saint-Germain l'Auxerrois.

Aucun des systèmes suggérés par la clause du testament de Bertchram n'est donc acceptable. Il y a lieu, par conséquent, d'en proposer un autre, et la voie naturelle pour arriver là est de dégager bien nettement toutes les données fournies par le texte.

Les mots qui sont en tête de la clause, *Basilicæ domni Germani episcopi*, impliquent tout d'abord l'éventualité du legs. Ils se rapportent à l'une comme à l'autre des églises qui seront nommées ensuite : d'une part, à Saint-Vincent, propriété du saint évêque, qui, de son vivant, l'avait reçue en don du roi Childebert[1]; d'autre part, à la basilique bâtie par Chilpéric, laquelle ne pouvait être considérée comme basilique de saint Germain, qu'autant qu'elle avait été dédiée à sa mémoire. Une église connue, qui n'était pas sous le vocable de saint Germain, et une église inconnue, qui était nécessairement sous ce vocable, sont donc englobées dans le terme général « à la basilique de mon seigneur Germain. »

Passons maintenant à la disposition qui termine la clause. *Abba illustris loci illius* est une

1. « Inclitus iste princeps Parisius basilicam in honore Sanctæ Crucis et donni Vincenti vel reliquorum sanctorum in unum membrum construxit.... ac largitatis sue copiam per testamenti sui paginam nobis habere decrevit. » *Privilegium S. Germani*, ann. 566.

invocation qui répond aussi à l'éventualité du legs; elle s'adresse au supérieur, quel qu'il soit, de l'une ou de l'autre église, de la basilique Saint-Vincent ou de la basilique bâtie par Chilpéric. Le latin met *loci illius* au lieu de *alterutrius loci;* mais c'est du latin barbare auquel il ne faut pas demander la précision des termes. Pour les gens du septième siècle, il n'y avait pas à hésiter sur le sens, attendu qu'on n'avait le droit de demander sa commémoration qu'à l'église à qui l'on avait donné quelque chose pour son obit. Le don de Bertchram était conditionnel; il devait accompagner le corps de saint Germain, rester à Saint-Vincent si le corps y restait, passer à la nouvelle basilique, si la translation avait lieu; et, comme un abbé est chargé dans les deux cas d'exécuter la volonté du testateur, c'est que la basilique neuve, aussi bien que la basilique Saint-Vincent, était desservie par une communauté de moines.

Ainsi, il s'agit de trouver une église monastique placée sous l'invocation de saint Germain de Paris, et assez ancienne pour qu'on en puisse attribuer la fondation à Chilpéric Ier.

Saint-Germain le Vieux ne remplit-il pas toutes ces conditions? Son surnom est le certificat de son antiquité; son titre fut toujours celui de l'évêque de Paris; le premier texte où cette église soit mentionnée de manière à n'être pas confondue avec ses homonymes, la représente comme une maison d'ascètes, *arcisterium*[1], ce qui, dans le latin barbare, a été la même chose qu'*asceterium* ou *monasterium*[2].

Je me hâte d'ajouter que rien ne s'explique mieux que la construction d'une basilique, accomplie peu de temps après la mort de saint Germain avec l'intention de faire venir son corps dans la cité. L'église Saint-Vincent avait une situation exceptionnelle. Par la richesse de sa dotation, par la magnificence de ses bâtiments, par l'immunité qu'un synode d'évêques lui avait accordée en 566, à la demande de saint Germain lui-même, elle éclipsait déjà la cathédrale de Paris. Posséder la sépulture d'un prélat à qui la sainteté avait été décernée de son vivant devenait pour elle un titre de plus à la faveur du peuple. On conçoit que la cathédrale se soit alarmée; qu'elle ait cherché à tempérer l'excès d'une vogue préjudiciable à ses droits, en revendiquant la dépouille mortelle de son chef défunt; qu'elle ait pris sur son propre fonds (s'il est vrai que ce fut son baptistère même) l'emplacement destiné à contenir ce précieux gage. Chilpéric aura fourni l'argent pour la construction de l'église, et doté les religieux qui devaient la desservir

---

1. « Tunc corpus beatissimi Germani in arcisterium ejusdem sancti pontificis, in civitate prædicta situm, ab ipsis monachis delatum fuit. » *Aimonii monachi historia*, l. V, cap. 41.

2. Du Cange, v° *arcisterium*.

sous la surveillance directe du pasteur diocésain. Enfin, la dédicace put s'effectuer sous l'invocation de saint Germain, n'y ayant eu besoin pour cela que de déposer sous l'autel un objet qui eût été porté par le bienheureux, ou même qui eût touché seulement à ses reliques.

Les choses, amenées jusque-là, n'allèrent pas plus loin. Le roi mourut sans que les religieux de Saint-Vincent eussent consenti à se dessaisir de la sépulture de leur instituteur. Le testament de Bertchram fournit la preuve que, trente ans après le décès de Chilpéric, la question était encore pendante. Elle ne fut décidée que par le changement de dynastie, lorsque l'un des abbés de Saint-Vincent, fort de la faveur de Pépin le Bref, osa enfin lever le corps de saint Germain, pour le transporter de la chapelle où il était resté jusqu'alors, non pas dans la basilique de la cité, mais dans l'intérieur de sa propre basilique [1].

L'histoire connue de Saint-Germain le Vieux ne commence qu'à une époque où cette querelle était depuis longtemps oubliée. La superbe abbaye, sa rivale, éprouva au neuvième siècle des désastres sans nombre. Appauvrie à la fois par le régime des inféodations et par les ravages des Normands, elle ne figurait plus, du temps de Charles le Gros, que comme un bénéfice réuni

---

[1]. *Historia translationis sancti Germani*, dans les Bollandistes, 28 mai.

à l'évêché. L'évêque était alors Gozlin, l'héroïque défenseur de Paris contre les barbares. Au premier signal du danger, il avait fait venir dans la cité les moines de Saint-Vincent avec la châsse de saint Germain. Celle-ci fut déposée dans l'église qui avait été préparée pour elle depuis trois siècles[1], ou du moins dans un nouvel édifice qui avait remplacé celui-là, car toutes les églises de Paris furent incendiées en 856. La présence de ces reliques devint un encouragement pour les Parisiens, qui, après la retraite des Normands, attribuèrent au saint le mérite de leur délivrance. La cathédrale paraît avoir payé la reconnaissance des citoyens en abandonnant la possession de Saint-Germain le Vieux à l'abbaye de Saint-Vincent. Saint-Germain le Vieux ayant été plus tard converti en paroisse, Saint-Germain des Prés en conserva le patronage jusqu'en 1368. Depuis lors, le même droit appartint par échange à l'Université de Paris[2].

Revenons à présent sur le surnom de Vieux. Il n'exprime pas seulement l'antiquité, ainsi que je le faisais remarquer tout à l'heure, il implique encore une antiquité relative; car, assurément, on n'a dit Saint-Germain le Vieux que pour distinguer l'un des Saint-Germain d'un autre qui, à l'égard de celui-là, était le neuf. Je trouve effec-

---

1. Ci-dessus, p. 9, note 1.
2. Jaillot, t. I, *Quartier de la Cité*.

tivement un Saint-Germain le Neuf mentionné dans la donation que le comte de Paris, Étienne, fit en 811 à la cathédrale, pour la fondation de son anniversaire. L'une des conditions imposées par le donateur est que les chanoines de la cathédrale députeront tous les ans des commissaires pour aller faire célébrer son obit dans plusieurs des grandes églises du diocèse, savoir : à Saint-Denis et à Saint-Germain, ou à Sainte-Geneviève ou à Saint-Marcel, ou à *Saint-Germain le Neuf* ou à Saint-Cloud, et encore à Chelles ou à Saint-Maur des Fossés[1].

L'abbé Le Beuf a entendu par Saint-Germain le Neuf Saint-Germain des Prés, se fondant sans doute sur ce que, du temps de Charlemagne, il n'y avait pas longtemps que l'on avait commencé à donner à Saint-Vincent le nom de Saint-Germain; et, par l'autre Saint-Germain nommé en premier lieu, il a compris Saint-Germain l'Auxerrois[2]. C'est tout le contraire qui doit être fait, selon moi. Il est évident que l'énumération donne aux églises dénommées un ordre hiérarchique.

---

1. Cartulaire de Notre-Dame de Paris, t. I, p. 290 : « Et quando quidem anniversarium nostrum evenerit, missi ex ipsis canonicis partibus Sancti Dionysii et Sancti Germani, vel Sanctam Genovefam et Sanctum Marcellum, vel *Sanctum Germanum novum*, seu ad Sanctum Clodoaldum et ad Kala vel Fossatis, et pro animarum nostrarum commemorare ipsas congregationes faciant. »

2. Histoire du diocèse et de la ville de Paris, t. I., p. 38.

Or, à quel autre Saint-Germain qu'à Saint-Germain des Prés ou Saint-Vincent, le premier rang après Saint-Denis peut-il avoir appartenu? Et si le Saint-Germain nommé d'abord est Saint-Germain des Prés, celui qui vient après est de toute nécessité Saint-Germain l'Auxerrois, parce qu'il n'est question ici que d'églises situées hors de la Cité. Les dénominations de Vieux et de Neuf sont donc sorties du besoin de distinguer Saint-Germain en la cité d'avec Saint-Germain hors de la cité, en un temps où l'usage n'existait pas encore d'établir la différence en ajoutant au nom de celui-ci l'adjectif *Auxerrois*.

L'abbé Le Beuf, après l'interprétation qu'il avait donnée de Saint-Germain le Neuf, s'est trouvé dans un si grand embarras au sujet de l'opposition des deux surnoms, que, pour en sortir, il a eu recours à la plus étrange conjecture. Il a supposé qu'il n'y avait jamais eu de Saint-Germain le Vieux; que le surnom prononcé de la sorte au moyen âge et rendu dans les actes latins du douzième et du treizième siècle par *vetus* et *vetelus*, était une corruption d'*évieux*, *aquosus*, et que le Saint-Germain de la cité avait été appelé l'évieux à cause de sa proximité de la rivière, qui l'exposait aux inondations[1]. C'est ici le cas de dire *quandoque bonus dormitat Homerus*. En

---

1. Histoire du diocèse et de la ville de Paris, t. II, p. 437.

admettant que le mot *évieux* ait jamais existé (ce qui est bien peu probable, car *aquosus* a donné *éveux*), évieux n'aurait pas été confondu avec *le vieux*, qui, dans le plus ancien français, se prononçait *viel* au cas oblique, et au cas direct *viès* ou *viés*.

Li viès ou *le viel* fut incontestablement le surnom du Saint-Germain voisin de Notre-Dame, témoin le *Dit des moustiers de Paris*, où il y a ces deux vers :

> Aidiez-moi, saint Germain li viex;
> Et saint Sauveres qui vaut miex.

et cela achève de démontrer combien l'opinion de l'abbé Le Beuf est peu soutenable.

Je le répète, il n'y a que Saint-Germain l'Auxerrois qui a pu être surnommé le Neuf, du moment que Saint-Germain en la cité fut Saint-Germain le Vieux, et la conséquence est que le premier était d'origine plus récente que l'autre. Or, nous avons vu que Saint-Germain le Vieux datait, selon toute apparence, du règne de Chilpéric Ier; la fondation de Saint-Germain l'Auxerrois doit donc se placer après ce règne.

Amenée à ce point, la question me semble recevoir une grande lumière de ce que saint Landry, évêque de Paris, fut inhumé à Saint-Germain l'Auxerrois, car la prérogative du fondateur était d'avoir sa sépulture dans le lieu de sa fondation. Je fais remarquer en outre que la paroisse de Saint-Germain tout entière faisait partie autrefois de la mense épiscopale, et que l'église était dite *fille de l'évêque*. Elle se distinguait par là des autres églises contenues dans le domaine de la cathédrale, lesquelles s'appelaient *filles du chapitre;* et la mémoire de sa véritable origine, qu'elle devait à l'un des anciens évêques de Paris, se conserva ainsi à travers les siècles sans qu'on y fît attention.

Du moment qu'il y a une raison de croire que Saint-Germain l'Auxerrois doit son origine à saint Landry, les faits principaux de la fondation se rétablissent d'eux-mêmes avec une grande apparence de probabilité.

Sous le règne des premiers rois mérovingiens, la population s'était accumulée dans la partie du faubourg située en aval du grand-pont, sur la rive droite de la Seine. Ce quartier n'avait pas d'église. Les habitants voyaient s'élever devant eux, de l'autre côté de l'eau, la basilique de Saint-Vincent, le *Saint-Germain doré*, comme disait le peuple[1], plus sensible à la gloire de son défunt évêque qu'à celle du martyr espagnol. En traversant la Seine en bateau, ces gens de la rive droite arrivaient plus vite à Saint-Vincent qu'à aucune des églises de la cité. Admettons qu'une partie d'entre eux avaient pris l'habitude de faire

---

1. « Unde præ nimio decore non immerito olim ipsa domus per metaphoram *inaurati Germani aula* vocabatur ore vulgi. » *Vita sancti Droctovæi*, Bollandistes, 10 mars.

ce trajet pour aller aux offices : c'est à cette fréquentation que l'évêque Landry, tout en pourvoyant aux besoins spirituels du nouveau quartier, aura cherché à mettre un terme. Après s'être fait concéder par le roi Clovis II, qui régnait alors, la propriété du territoire, il édifia, à titre de pasteur et de seigneur, un sanctuaire qu'il mit sous l'invocation d'un autre saint Germain, très-glorieux dans l'un des diocèses voisins, et qui d'ailleurs jouait un rôle dans la légende parisienne de sainte Geneviève. Il espéra contrebalancer par là l'engouement de la multitude. La forme insolite de la nouvelle église fut peut-être un autre moyen imaginé par l'évêque pour frapper les esprits, et détourner les yeux du brillant édifice de la rive gauche. Saint-Germain l'Auxerrois fut d'abord une église ronde, bâtie sur le modèle du Saint-Sépulcre de Jérusalem plutôt qu'à l'imitation des baptistères auxquels on l'a assimilée. Les baptistères, par leurs dimensions exignës ne répondaient pas à ce que nous savons du Saint-Germain primitif, qui servit de quartier général aux Normands pendant le siége de Paris.

Mon hypothèse est donc que la fondation de Saint-Germain l'Auxerrois ne remonte pas plus haut que le septième siècle, et qu'elle fut une tentative du même genre que la fondation de Saint-Germain le Vieux. L'une et l'autre auraient eu pour objet de retenir dans le giron de la mère église de Paris le peuple qui se portait en foule à la basilique de Childebert, soustraite en partie à l'autorité épiscopale.

Il me reste à établir mieux que je ne l'ai fait jusqu'ici la rivalité de la cathédrale et de Saint-Vincent, car c'est un fait grave qui n'apparaît pas dans les travaux approfondis dont l'histoire ecclésiastique de Paris a été l'objet, et je dois craindre qu'on ne la tienne pour une pure supposition de ma part.

Ma preuve est dans un passage trop peu remarqué de l'immunité concédée à l'église Saint-Vincent en 566. Saint Germain lui-même, l'auteur de cet acte, s'y plaint de sourdes menées qui tendaient déjà à amoindrir la fondation de Childebert. Il dit en propres termes : « Comme c'est à la fragilité humaine que le très-glorieux roi a confié l'exécution de sa charte authentique et l'accomplissement du vœu de son cœur, il arrive que quelques-uns cherchent par leur intrigue à lui fermer la voie de la béatitude éternelle en empêchant ce qui est écrit de ressortir son effet et en s'opposant à ce que l'abbé du lieu et ses moines perçoivent les revenus qui leur ont été assignés, afin de procurer la ruine par l'insuffisance de l'entretien[1]. »

---

1. « Sed dum pagina testamenti sui et cordis fides sub humana fragilitate temporaliter vigeret, agente in quorumdam calliditate, ne eterna illi tribueretur beatitudo, ac scriptum non sortiretur effectum, simulque abbas et cong...

Telle était la situation moins de dix ans après la mort du fondateur. Elle nous reporte à une époque où, suivant l'antique usage, la cathédrale régissait les biens du monastère. Si donc les intrigants dont saint Germain déplorait les manœuvres n'étaient pas ses propres agents, c'est-à-dire les membres du clergé diocésain employés à l'administration du temporel, il faut convenir au moins que ceux-ci ne défendaient pas comme ils auraient dû les intérêts de Saint-Vincent. C'est pourquoi le saint évêque jugea convenable de mettre fin à une tutelle dont l'exercice devenait une occasion de ruine. Il décréta et fit confirmer par les évêques, ses cosuffragants, l'émancipation de l'abbaye : mesure d'un effet certain pour éloigner le danger qui menaçait cet établissement, mais plus propre à envenimer les jalousies qu'à les éteindre. C'est de là que, par une déduction qui me semble en quelque sorte forcée, j'ai tiré le sens de tous les faits subséquents.

Je ne saurais mieux terminer ces remarques qu'en essayant de préciser auquel des trois saints Germain se rapportent diverses mentions consignées d'une manière obscure dans les plus anciens documents.

Les Bénédictins ont fait honneur à saint Ger-

gatio deputata non perciperent, ac sterilitate victus et vestitus deperirent, etc. » Pardessus, *Diplomata, chartæ*, etc., t. I, p. 128.

main des Prés et l'abbé Le Beuf à saint Germain l'Auxerrois d'une guérison miraculeuse opérée à Paris par saint Éloi « dans la basilique de saint Germain, confesseur » : c'est ainsi que s'exprime l'auteur de la vie de saint Éloi[1].

Les circonstances du miracle sont qu'un boiteux, traîné sur une charrette, ayant aperçu le saint homme à la porte de la basilique en question, le supplia de lui venir en aide. Saint Éloi ordonna aux gens de sa suite de prendre ce malheureux dans leurs bras et de le transporter dans l'église auprès de la balustrade de saint Germain, *juxta cancellos præfati sancti Germani*. Lui-même entra. Le boiteux fut guéri par ses prières.

Il est évident que rien de ce qu'il y a dans ce récit ne peut s'appliquer à saint Germain des Prés, puisque, du temps de saint Éloi, le corps du bienheureux évêque de Paris ne reposait pas encore dans l'intérieur de la basilique à laquelle il a donné son nom. L'interprétation des Bénédictins n'est donc point acceptable. Celle de l'abbé Le Beuf l'est-elle davantage? Oui, dans l'hypothèse où l'origine de Saint-Germain l'Auxerrois remonterait au sixième siècle, et alors le miracle se rapporterait à saint Germain, évêque d'Auxerre. Mais si l'église de Saint-Germain l'Auxerrois a saint Landry pour fonda-

---

1. Cap. 26.

teur, comme on vient d'en établir la probabilité, il faut mettre saint Germain l'Auxerrois hors de cause, aussi bien que saint Germain des Prés. Saint Landry devint évêque de Paris seulement en 652, et le miracle de saint Éloi se place sous le règne de Dagobert. C'est donc à Saint-Germain le Vieux qu'il se passa, et dans la pensée de l'hagiographe, si saint Éloi en avait été l'intercesseur, saint Germain de Paris en était l'auteur.

C'est encore, selon moi, pour Saint-Germain le Vieux que le même saint Éloi fabriqua le tombeau ou la châsse de saint Germain[1], énuméré parmi les ouvrages d'orfévrerie qui contribuèrent à sa renommée avant son élévation à l'épiscopat, c'est-à-dire avant 640. On a toujours compris que cet ouvrage avait été exécuté pour l'église de Saint-Vincent; mais à Saint-Vincent, comme j'ai déjà eu occasion de le dire plusieurs fois, le corps de saint Germain resta enfoui jusqu'en 752 sous le sol de la chapelle extérieure où on l'avait enterré, et le récit très-détaillé que nous avons de l'exhumation ne mentionne aucun monument d'orfévrerie recouvrant la sépulture. On conçoit au contraire qu'une châsse somptueuse, un coffre en forme de tombeau ait contenu la relique qui avait motivé la consécration de l'autel principal de Saint-Germain le Vieux.

1. Cap. 32.

Moins cette relique avait de prix en comparaison du corps que possédaient les moines de Saint-Vincent, plus on avait dû chercher à éblouir les yeux par la magnificence de son enveloppe. C'est autour de cette châsse et de l'autel, placé vraisemblablement au-dessus, que régnait la balustrade mentionnée dans le miracle du boiteux guéri.

Enfin je vois une troisième mention de Saint-Germain le Vieux dans le vocable de la cathédrale de Paris, tel que l'expriment deux chartes du temps de Charlemagne.

Au début de la donation du comte Étienne, dont je me suis servi tout à l'heure, on lit : *Sacrosanctæ Mariæ ecclesiæ Deique genitricis et sancti Stephani prothomartyris seu et domni Germani, ubi Inchadus, Parisiacæ urbis episcopus, rector præesse videtur, quæ est infra murum Parisii civitate constructus.*

Pour comprendre ce passage, il faut se reporter au régime antique sous l'empire duquel la plupart des cathédrales consistèrent, non point en une seule église, mais en plusieurs églises séparées souvent par de grandes distances. La cathédrale de Paris se trouve ainsi dénommée par les trois sanctuaires de Notre-Dame, de Saint-Étienne et de Saint-Germain, tous les trois formant un seul corps qui était renfermé, ainsi que nous l'indique la formule, dans l'enceinte des murs de la cité. Dès lors le Saint-Germain dont il s'agit ne peut pas être un autre que Saint-Germain le Vieux; car Saint-Germain des Prés et Saint-Germain l'Auxerrois étaient hors des murs.

Le même vocable, plus développé dans un diplôme royal de 795, est ainsi conçu : *Ecclesia Parisiaca, quæ est in honore sanctæ Mariæ matris domini nostri Jesu Christi et sancti Stephani protomartyris, sancti Dionysii et sancti Germani et sancti Marcelli et sancti Chlodoaldi confessoris, et cæterorum dominorum quorum pignora in ipsa plebe vel in ipsa ecclesia Parisiaca adunata requiescunt*[1]. Comme cette longue énumération ne porte que sur des membres de la cathédrale, il faut tout de suite écarter la présence des grandes abbayes de Saint-Germain des Prés et de Saint-Denis, gratifiées l'une et l'autre de l'immunité. Le titre de Saint-Denis a été fourni par Saint-Denis du Pas en la cité, et il contredit formellement l'abbé Le Beuf qui a nié que Saint-Denis du Pas existât au neuvième siècle, « parce que, dit-il par inadvertance, dans les chartes d'alors où sont spécifiés les saints diocésains, patrons plus particuliers de la grande église, saint Denis n'y est aucunement nommé[2]. » Quant au titre de Saint-Germain, à première vue il pourrait être celui de Saint-Germain l'Auxerrois aussi bien que celui de Saint-Germain le Vieux, parce

---

1. Cartulaire de Notre-Dame de Paris, t. I, p. 240.
2. Histoire du diocèse de Paris, t. I, p. 29.

qu'ici le choix n'est pas borné, comme dans l'acte de 811, aux églises contenues dans l'enceinte de Paris; mais en y faisant attention on s'aperçoit que tous les saints nommés appartiennent au diocèse, que ce sont les patrons particuliers de la grande église, pour parler comme l'abbé Le Beuf. Il devient par conséquent bien probable que c'est saint Germain de Paris, patron de Saint-Germain le Vieux, qu'on a voulu désigner.

Mais je ne sais quel parti prendre à l'égard d'une église appelée tout uniment Saint-Germain *basilica domnae Germanae,* en faveur de laquelle un riche personnage du nom de Vandemir disposa en 690 de l'un de ses domaines[1]. Ce n'est pas Saint-Germain des Prés, lequel figure dans le même acte et y est désigné par le double titre de Saint-Vincent et de Saint-Germain, *basilica domnæ Vincente vel domni Germani.* L'abbé Le Beuf s'est prononcé pour Saint-Germain l'Auxerrois. Je ne le contredis pas, et je ne contredirais pas davantage celui qui croirait devoir préférer Saint-Germain le Vieux.

Les autres exemples que j'ai rencontrés ne peuvent pas donner lieu à confusion, parce que l'église y est suffisamment désignée soit par les circonstances dans lesquelles son nom se présente, soit par le développement de son titre.

---

1. Mabillon, *De re diplomatica*, p. 472.

Jusqu'au onzième siècle, Saint-Germain des Prés est appelé Saint-Vincent et Saint-Germain, ou Saint-Germain tout seul en ajoutant : *ubi ipsius sanctum, pretiosum corpus requiescit;* plus tard c'est Saint-Germain de Paris[1].

Saint-Germain sur la rive droite se présente ordinairement avec un surnom depuis le règne de Charles le Chauve. Le diplôme de 862, par lequel ce roi abandonna à l'église de Paris les droits du Grand-Pont qu'il venait de faire construire, dit que le même pont débouchait sur la terre du moutier Saint-Germain, établi dans le faubourg et surnommé d'ancienneté l'Auxerrois[2]; et le moine Helgaud, énumérant les églises fondées ou reconstruites par le roi Robert, met dans le nombre le moutier Saint-Germain l'Auxerrois[3]; mais après Charles le Chauve et même après le roi Robert on a dit aussi souvent Saint-Germain le Rond que Saint-Germain l'Auxerrois : *Sanctus Germanus teres*, dans le poëme d'Abbon sur le siége de Paris[4],

---

1. Bouillard, preuves *passim*.

2. « Supra terram monasterii sancti Germani suburbio commorantis, quod a priscis temporibus Altissiodorensis dicitur. » Cartulaire de Notre-Dame de Paris, t. I, p. 244.

3. « Monasterium sancti Germani Autissiodorensis .... item monasterium sancti Germani Parisiacensis. » *Vita Roberti*.

4. Castra beatum Germanum circa teretem componere vallis
Commisto lapidum cumulo glebisque laborant,
L, I, v. 177.
Germani teretis contemnunt littora sancti.
L. II, v. 35.

Sanctus Germanus rotondus, dans une bulle du pape Benoit VII en 984[1], et dans une autre d'Alexandre III en 1165. C'est au treizième siècle que le surnom d'Auxerrois l'a emporté.

Enfin Saint-Germain en la Cité, dont les mentions sont très-rares, figure avec son surnom de Vieux dans une bulle de 1177[2], et les actes postérieurs ne cessent plus de lui appliquer le même déterminatif.

1. Cartulaire de Notre-Dame, t. I, p. 220.
2. Histoire de l'abbaye Saint-Germain des Prés, p. xliv.

PARIS. — IMPRIMERIE GÉNÉRALE DE CH. LAHURE
Rue de Fleurus, 9.

www.ingramcontent.com/pod-product-compliance
Lightning Source LLC
Chambersburg PA
CBHW060603050426
42451CB00011B/2058